AF341904

De la libre
communication d'idées
entre les peuples

DE LA
LIBRE COMMUNICATION
D'IDÉES ENTRE LES PEUPLES.

Jusqu'au milieu du dix-septième siècle, presque tous les peuples de l'Europe ont été regardés comme la propriété d'un certain nombre de familles, et cette propriété a été peu contestée.

Les grands événemens qui ont eu lieu dans ce siècle, la révolution d'Angleterre, la puissance de la République batave qui a forcé l'Espagne, après une lutte de quatre-vingts ans, à reconnaître son indépendance, ont ébranlé le dogme de cette propriété, qui a été renversé dans le siècle suivant.

Les grands écrivains qui se sont élevés pendant le dix-huitième siècle, la guerre des États-Unis, et enfin la révolution française, ont fait reconnaître en principe que *les gouvernés ne sont pas faits pour les gouvernemens, mais que les gouvernemens sont faits pour les gouvernés.*

Dès que ce principe a eu remplacé celui du droit de propriété des princes sur les peuples,

ceux-ci ont commencé à réclamer les libertés dont le besoin se faisait sentir impérieusement. La liberté idividuelle, celle de la presse, celle de la conscience, l'égalité devant les lois, une égale répartition des impôts, sont devenus les objets principaux des réclamations des peuples; et telle est maintenant la disposition des nations civilisées, que les gouvernemens sont forcés d respecter ces droits, s'ils ne veulent compromettre leur existence.

Ces droits sont sans doute de la plus haute importance; mais ils ne forment pas le total des libertés qui doivent être le partage des peuples éclairés.

Dans le nombre de ceux qui leur manquent, et dont la privation se fera sentir de plus en plus, il faut placer le droit de *libre communication d'idées entre les peuples*.

Les souverains ont tous les moyens possibles de se communiquer leurs *pensées*, de s'entendre sur ce qui les regarde, et de se concerter ensemble; tandis que les peuples ne peuvent se communiquer leurs *idées* qu'imparfaitement, avec beaucoup de peine, et souvent point du tout.

Pour prouver la haute importance que les peuples doivent attacher à ce droit de libre communication, il suffit de dire que les gouvernemens absolus, et ceux qui cherchent encore à mettre des entraves aux progrès des lumières et de l'esprit humain, en attachent une fort grande à ne point l'accorder. Il suffit de rappeler qu'en Autriche rien ne peut pénétrer de ce qui s'imprime à l'extérieur, avant d'avoir passé à travers une *ligne de censeurs* qui déclare *contrebande* tout ce qui est écrit dans un sens que nous sommes accoutumés à appeler *libéral*; qu'en Prusse, le gouvernement craint plus encore la libre communication des peuples que la liberté de la presse, et que les journaux et les ouvrages qui sont l'expression de l'opinion publique des autres peuples ne peuvent pas même *traverser* ce royaume (1); que l'électeur de Hesse-Cassel a créé une commission censoriale qui doit examiner tous les ouvrages paraissant chez les peuples civilisés, et repousser des frontières de ses états tous écrits dont les auteurs auraient la hardiesse d'examiner les actes des gouvernemens; enfin, que Bonaparte, qui avait réduit le despotisme en système, avait établi une censure plus rigoureuse encore, s'il est possible, pour les ouvrages étrangers que pour les ouvrages français.

____

(1) Nous pourrions, s'il était nécessaire, fournir des preuves de ce que nous avançons ici.

Mais ceci ne suffit pas encore à certains gouvernemens. Non contens de cacher aux gouvernés
la véritable opinion publique des autres nations,
ils cherchent, au moyen des journaux, qui, sur
presque tout le continent, sont aux ordres de la
police, à donner l'opinion d'un parti pour celle
d'une nation entière.

C'est ainsi qu'en 1815, Bonaparte, pour ex-
citer l'esprit militaire des Français contre ses ennemis personnels, fit reproduire dans les journaux de la capitale tout ce que la juste haine
qu'inspiraient son système et ses partisans, faisait
écrire en Allemagne à des hommes abusés, contre
la nation française même. A défaut de pièces suf-
fisantes, il en faisait composer à Paris (1). Il
n'avait garde de laisser parvenir à la connaissance
des Français les écrits sortis de la plume des hommes éclairés, qui, en le séparant de la nation
française, dirigeaient contre lui seul l'opinion
publique des Allemands.

Comme il est important de prouver que la par-
tie la plus éclairée des Allemands faisait déjà

______

(1) On peut citer dans ce nombre une proclamation de
M. Justus Gruner, fabriquée à Paris par un des écrivains à gages du gouvernement d'alors, et publiée dans
les journaux du temps.

alors cette distinction, nous citerons le morceau suivant :

« Les feuilles allemandes énoncent deux opi-
» nions tout-à-fait opposées l'une à l'autre au su-
» jet de la guerre contre la France. D'après l'opi-
» nion d'un parti, nous n'avons d'autre ennemi
» que Napoléon ; nous devons séparer entière-
» ment sa cause de la cause des Français ; nous
» faisons la guerre pour les Français comme pour
» nous-mêmes, et nous devons les considérer
» comme un peuple ami, dont la puissance et le
» bonheur, sous un gouvernement pacifique, doi-
» vent être le but le plus desirable de nos efforts.
» Ce parti nous présente, comme un exemple à
» imiter, l'état de civilisation des Français,
» les vertus qu'ils possèdent, etc. (1). »

L'auteur du morceau que nous venons de citer avait raison. Il y avait deux partis en Alle-

____

(1) Cette citation est d'autant moins suspecte, que le journal ministériel dans lequel nous l'avons prise, était d'une opinion tout à fait différente, et ne rapportait ce que nous venons de transcrire que pour le réfuter. Dans la suite de l'article il cherchait à prouver que c'était aux *Fran-çais* que les Allemands devaient faire la guerre comme à leurs ennemis mortels, qui tous étaient prêts à défendre Bonaparte. Les événemens ont prouvé combien le journa-liste *bavarois* se trompait.

magne. L'un , composé des hommes les plus
éclairés de la nation , sentait que, pour le repos
de l'Europe, Bonaparte ne pouvait rester sur le
trône de France , qu'il fallait l'en précipiter de
nouveau ; mais il sentait aussi que le peuple
Français ne pouvait pas être l'ennemi d'un
peuple qui tendait à la liberté. L'autre parti se
composait des hommes qui n'ont point d'action
indépendante, qui se laissent entraîner par leurs
passions du moment, ou qui suivent l'impulsion
que leur impriment les gouvernemens. Or, quoi-
que les déclarations du congrès de Vienne por-
tassent qu'on ne faisait la guerre qu'à Bonaparte,
et qu'on était allié et ami du peuple Français,
quelques ministères n'en cherchaient pas moins
à rendre nationale la guerre contre la *France*,
et ils avaient leurs raisons pour en agir de la sorte,
raisons que nous expliquerons plus loin.

Nous avons indiqué déjà le motif qui engageait
Bonaparte à faire publier dans les journaux ce
qui paraissait en Allemagne, dans le sens *ministériel*.

C'était dans le même but , et pour donner aux
Français l'espoir de se voir soutenus par une nation dont l'opinion publique pouvait être d'un
grand poids dans les événemens qui se préparaient
alors, que le gouvernement des trois mois cher-

chait à prouver par des extraits du *Political Régis-
ter*, et d'autres journaux aussi libéraux, que tout
bon Anglais était essentiellement bonapartiste.

Bonaparte est tombé parce que la nation Française repousse tout gouvernement militaire ; mais
son système de déception n'est pas tombé avec
lui. Il a formé en Europe une école, et cette école,
fidèle aux préceptes du maître, n'a eu garde de
souffrir qu'il s'établît des communications entre
les peuples.

La France croirait encore au bonapartisme de
la grande Bretagne, si des extraits du *Courrier* et
du *Times* n'avoient pas démontré jusqu'à l'évi-
dence que les Anglais approuvent autant les actes
des ministres de Louis XVIII, que ceux du cabinet
de Saint-James.

Quant à l'Allemagne, comme les écrits des
hommes éclairés de ce pays ne sont pas du goût
de ces messieurs, et que, par suite, ils restent
inconnus, les personnes qui se rappellent encore
ce qui fut publié pendant les trois mois de 1815,
sous la rubrique de l'Allemagne, pourraient
croire qu'elle est essentiellement ennemie de la
France.

C'est cette erreur qu'il est important de détruire ; elle pourrait avoir pour les deux nations
les résultats les plus funestes.

(6)

Dans un moment où les gouvernemens se réunissent plus étroitement que jamais, où ils con-
cluent des alliances au nom du *Verbe du Très-
Haut*, et oublient toutes leurs rivalités, il est
nécessaire que les peuples soient également unis,
et que les erreurs, qui pourraient entretenir entre
eux des sentimens d'inimitié, soient dissipées.

Pour que les nations puissent parvenir à s'entendre, il faut que les hommes éclairés de tous
les pays, s'efforcent de détruire les erreurs qui
empêchent encore les peuples de comprendre que
la prospérité et le bonheur des uns sont étroitement liés à la prospérité et au bonheur des autres.

Parmi ces erreurs, il faut placer, au nombre
des plus déplorables, les haines nationales. Cette
expression de *haines nationales* doit être effacée
du dictionnaire des peuples civilisés. Ces haines
peuvent malheureusement exister entre des peuples, que leurs intérêts, leurs principes politi-
ques, que tout devrait réunir. Elles proviennent
alors de causes qui leur sont absolument étran-
gères; elles donnent des ressources aux gouvernemens qui les alimentent, les renouvellent et les
empêchent de s'éteindre, en prévenant l'explica-
tion qui aurait lieu entre les peuples, s'il existait
entre eux une libre communication d'idées.

C'est ainsi qu'en Allemagne le parti *aristocra-*
tique, c'est-à-dire le parti du despotisme militaire, cherche à inspirer une haine nationale à la
nation allemande contre la nation française. Il
sait que cette haine serait un moyen puissant d'arrêter la civilisation, de prévenir l'établissement
de la liberté. Les hommes éclairés ont senti les
intentions de leurs adversaires. Ils ont compris
à quoi tendaient leurs déclamations contre la
France et contre tout ce qui est français. Bien
loin de donner dans le piége, ils ont cherché
constamment à contre-balancer l'influence que
ces déclamations pouvaient exercer sur le peuple.
En un mot, ils ont défendu la cause des Français
avec ardeur et avec succès. Voilà ce que les Français ignorent, parce qu'il n'y a pas de libre
communication entre les deux peuples.

Nous croyons que la citation suivante sera une
preuve suffisante de ce que nous venons d'avan-
cer, relativement aux dispositions des hommes libéraux de l'Allemagne à l'égard de la France.

« Si les souverains alliés avaient voulu assu-
» rer la tranquillité de la France, ils lui auraient
» garanti une constitution libérale. C'est ce qui
» n'a point été fait, et le même esprit qui a ré-
» tabli à Rome les Jésuites, en Espagne l'inqui-
» sition, cherche à rétablir en France les insti-

» tntions féodales. La même tentative est faite
» dans presque toute l'Europe. Elle doit échouer.
» Un habit usé ne peut être remis à neuf. La
» France a montré combien sont inébranlables
» les bons principes, puisqu'après une tyrannie
» de quinze ans, elle veut encore tout ce qu'elle
» voulait en 1789 , puisqu'elle le veut après
» toutes les erreurs , après toutes les fautes com-
» mises pendant la révolution. Elle veut la li-
» berté de la presse , de la pensée et de la cons-
» cience ; elle veut un ordre de choses fondé sur
» la justice et le bon sens ; des impôts répartis
» avec égalité et proportionnés aux fortunes ;
» elle ne veut plus ni de priviléges , ni de sys-
» tèmes féodaux. Pour ces principes , la France
» prendrait encore les armes contre ceux qu'elle
» soupçonnerait vouloir rétablir l'ancien ordre
» de choses. Qui pourrait méconnaître le carac-
» tère du temps qui se montre de toutes parts ?
» Si la Prusse a pu briser le joug de Bonaparte, la
» France réussirait également à se délivrer d'un
» joug quelconque, si on tentait de lui en im-
» poser. La bonne cause donne la force et assure
» le succès ; l'Allemagne a triomphé dans la
» dernière lutte , parce qu'en combattant Bona-
» parte et ses esclaves , elle avait pour elle la jus-
» tice et le bon droit. Celui qui défend les bons

» principes et les idées saines a pour lui la bonne
» cause. Le cas pourrait donc arriver où les Fran-
» çais seraient de nouveau en possession de la
» bonne cause ; et si les Allemands marchaient
» en faveur de la mauvaise cause, ils verseraient
» leur sang d'une manière honteuse ; et comme
» il n'est pas probable que toutes les puissances
» fassent toujours cause commune contre elle,
» la défaite pourrait bien être le partage de ceux
» qui se battraient avec le plus d'acharnement
» en faveur du pouvoir absolu, du fanatisme,
» des vieux parchemins, des préjugés ; en un
» mot, en faveur de la mauvaise cause, etc.,
» etc., (1). »

(1) Le passage que nous venons de citer est pris dans
l'*Observateur Allemand*, du 9 octobre 1815. Il est l'expression de l'opinion publique de tous les libéraux allemands sur la France, et comme tel il a été copié dans tous
les journaux du parti *démocratique*. L'époque à laquelle
il fut écrit, excuse les craintes de l'auteur au sujet d'une
tentative de rétablissement du système féodal. Cette crainte
qui avait été très-vive en 1814, s'était ranimée en 1815,
après la seconde restauration. Elle était mal fondée sans
doute, et doit sur-tout paraître telle dans ce moment ;
car quoiqu'on viole par fois les principes, ils n'en sont
pas moins reconnus par ceux même qui les violent.
Au reste, l'établissement d'un système féodal suppose
toujours une *conquête* ; et vouloir dire que nous pouvons

C'est ainsi que parlaient déjà en 1815 les hommes attachés aux bons principes. Mais ce qui doit
surprendre bien davantage, c'est la conversion
des hommes que la passion avait entraînés pendant quelque temps à écrire contre la France :
ainsi le fameux *Mercure du Rhin*, qui avait prê-
ché la nécessité de démembrer la France, puisqu'il n'y voyait que des *imbécilles* ou des *co-
quins*, les uns et les autres ennemis du reste de
l'Europe et sur-tout de l'Allemagne, a changé
tout-à-coup de langage ; il a reconnu que la
France avait été entraînée dans les erreurs et les
fautes de la révolution par le cours inévitable des
événemens ; que c'est elle toujours qui, la pre-
mière, a sonné le réveil des peuples à ses risques
et dépens, et qu'ainsi elle a droit de prétendre à
leur reconnaissance. Ce journal, en rendant hom-
mage aux principes auxquels la France était re-
venue, déplorait les maux qu'elle souffrait dans
ce moment, et, en s'élevant contre l'influence
pernicieuse que le ministère anglais exerce sur
l'Europe, il prouvait à l'Allemagne que si ce

être conquis actuellement par les marquis, comtes,
princes et ducs qui désirent encore ce système, serait
aussi absurde que de dire que nous pouvons être conquis
par les Chinois.

ministère voulait profiter de la malheureuse situation des Français, de leur désunion, de leurs discordes, il était de son intérêt et de son devoir de venir au secours de la France.

Malheureusement le *Mercure du Rhin* fut supprimé peu de temps après sa conversion, par un ordre du cabinet prussien. La popularité de cette feuille, les talens de ses rédacteurs, auraient servi la bonne cause en Allemagne.

Dans la catégorie de cette conversion, on peut comprendre tous les hommes qui s'étaient laissé entraîner par la passion et par le souvenir des maux qu'ils avaient soufferts. Un seul parti est resté ferme dans ses principes de haine contre les Français, c'est le parti *aristocratique* ou le parti *ministériel.*

Comment ! dira-t-on, après que la paix est conclue, des gouvernemens cherchent encore à prolonger ces haines nationales, à les alimenter par tous les moyens qui sont en leur pouvoir ! Quelle pourrait être leur intention en agissant ainsi ? Sûrement ces gouvernemens, contens de la dernière paix avec la France, ne cherchent pas à la rompre, et ne croient pas qu'ils auront besoin encore de la *landwher,* de la *landsturm* et des légions de volontaires.

Cependant des précautions pour l'avenir pourraient bien entrer dans les causes qui font agir ainsi les ministériels prussiens, bavarois, etc. Mais voici quelle paraît être la raison de leur conduite.

Comme les ministères sont peu inclinés à céder aux prétentions des peuples, ils cherchent à jeter de la haine et du mépris sur tout ce qui est Français, parce que les Français ont les premiers élevé ces prétentions. Ils dépeignent comme criminels les efforts faits par la nation française, pour établir la liberté individuelle, celle de la pensée, le jugement par jurés, en un mot tout ce qui tend à arrêter la marche du pouvoir arbitraire, afin de rendre odieux les efforts que les hommes libéraux de l'Allemagne font pour le même objet. Ensuite, comme nous l'avons dit plus haut, toute haine nationale est une de ces fatales erreurs des peuples, qui donnent le plus de ressources aux gouvernemens pour maintenir le despotisme, les grandes armées permanentes, les mesures prohibitives, etc., etc.

Mais ces raisons, qu'on peut donner de la manière d'agir de quelques gouvernemens, doivent être autant de puissantes raisons pour engager les nations à suivre une marche tout à fait opposée. Qu'elles flétrissent donc par le mépris ces instrumens de l'arbitraire qui préten-

dent alimenter et perpétuer des haines nationales ! Que tous les hommes éclairés déclarent,
de la manière la plus énergique, que l'intérêt
des peuples demande qu'ils soient unis ; qu'ils
créent de leur côté une sainte alliance pour les
bons principes, et pour le maintien de la paix
et de la liberté.

C'est la libre communication des peuples qui
doit amener à ce but élevé. L'opinion publique
qui a déjà arraché aux gouvernemens des conces-
sions si importantes, parviendra encore à ob-
tenir celle-ci, dès qu'elle dirigera ses forces vers
cet objet. Les nations éclairées auront fait un pas
immense vers la prospérité, les lumières, les
idées libérales, elles auront renversé bien des
entraves qui s'opposent encore à leur marche,
dès que cette communication sera établie. Elle
finira par rendre vaines toutes les intrigues de
la diplomatie.

Que les Patriotes Européens se réunissent donc
pour le même objet. Que ceux qui portent le nom
d'anglais expriment hautement que, si la politique
du gouvernement anglais tend à ruiner les autres
peuples, à empêcher chez eux l'établissement de
la liberté, cette politique n'est point celle de la nation anglaise. Que ceux qui se nomment allemands
déclarent qu'ils méprisent les tentatives de ceux

qui voudraient créer une haine nationale contre des peuples qui sont les alliés naturels du peuple allemand. Que ceux des Patriotes Européens qui habitent la France déclarent qu'ils ont en horreur les hommes qui ont opprimé et pillé les autres peuples, et qui voudraient encore chercher l'*honneur* dans le métier de brigands enrégimentés ; qu'ils disent hautement que la nation française veut être libre et indépendante, et que, pour cela même, elle desire voir les autres nations libres et indépendantes.

Les peuples finiront par s'entendre (1).

C. A. Scheffer.

---

(1) Est-il nécessaire de dire qu'en parlant de la libre communication d'idées entre les peuples, nous n'entendons nullement parler de la libre circulation des écrits contraires aux lois?

De l'Imprimerie de RENAUDIERE, rue des Prouvaires, n°. 16.